DOCUMENTS SUR LES ÉVÉNEMENTS DE 1870-71

LES MANIFESTES

DU COMTE

DE CHAMBORD

ET

LA PRESSE PARISIENNE

PARIS
LIBRAIRIE DES BIBLIOPHILES
Rue Saint-Honoré, 338

M DCCC LXXI

LES MANIFESTES

DE

COMTE DE CHAMBORD

DOCUMENTS

SUR LES ÉVÉNEMENTS DE 1870-71.

Littérature officielle sous la Commune. . . . 2 fr.
Trochu et Palikao. . . . . 1 fr.
Bazaine et Changarnier. . . . . 1 fr.
Les Manifestes du Comte de Chambord . . . . 1 fr.

Nota. — *Cette série de publications sera continuée.*

TABLETTES QUOTIDIENNES
DU SIÉGE DE PARIS

Réimpression de la LETTRE-JOURNAL

Un vol. gr. in-8°.

PRIX : 3 FR.

LES MANIFESTES

DU

COMTE DE CHAMBORD

(9 octobre 1870 — 8 mai et 5 juillet 1871)

SUIVIS DES APPRÉCIATIONS DES PRINCIPAUX JOURNAUX
DE PARIS

Et publiés par Georges D'HEYLLI

PARIS
LIBRAIRIE DES BIBLIOPHILES
338, RUE SAINT-HONORÉ, 338
—
1871

AVANT-PROPOS

Les amis de M. le comte de Chambord lui font commettre maladresse sur maladresse. Après la lettre du 8 mai, dans laquelle l'illustre descendant d'Henri le Grand nous a fait entrevoir, entre autres perspectives agréables, dans le cas où nous lui rendrions le trône de ses pères, une guerre de religion, une croisade en faveur du pape dépossédé, voici que le même prince proclame à la face du monde, *urbi et orbi*, dans un manifeste adressé le 5 juillet, par la voie des journaux, au peuple français, les nouvelles conditions moyennant l'acceptation desquelles il consentira à demeurer parmi nous, mais comme roi de France, bien entendu.

Entre la lettre du 8 mai et le manifeste du 5 juillet il s'est passé bien des choses et de grands événements : Paris a été repris aux insurgés qui le tyrannisaient ; le gouvernement de M. Thiers s'est affermi ; les élections complémentaires à l'Assemblée nationale ont montré généralement que le pays préférait le provisoire actuel, avec la république, à toute autre restauration d'empire ou de royauté. Il est évident que ce peut n'être là qu'une époque de transition, et que la forme du gouvernement devra être déterminée définitivement par l'Assemblée nationale, dans un temps plus ou moins prochain. Mais, puisque M. le comte de Chambord reconnaît le suffrage universel, pourquoi, au lieu de manifester aussi intempestivement, n'attend il pas dans le silence et la retraite les décisions de l'Assemblée issue de ce même suffrage? Pourquoi, au lieu de lancer des proclamations dont les idées arriérées et même les formules démodées ne peuvent que nuire à la réalisation de son programme, pourquoi n'imite-t-il pas la prudente réserve de ses cousins d'Orléans?

Ah! ceux-là sont plus habiles! Ils sont en France, ils sont à Paris, mais ils semblent plutôt y chercher l'oubli que le bruit de la foule. Sous des noms d'emprunt, ils habitent non quelque château magnifique comme le royal domaine de Chambord, où celui qui se dit Henri V est descendu, mais bien un hôtel quelconque où leurs amis, et même leurs fournisseurs, viennent les voir dans la plus cordiale et la moins monarchique des intimités. Ils visitent la grande ville, les musées, les ruines, en voiture publique, et payent eux-mêmes leur cocher. On peut voyager avec eux en chemin de fer, dans le même compartiment, sans les gêner ni sans être gêné par eux. Ce sont de bons bourgeois rentrés, avec un vif plaisir de cœur, dans leur ville natale, après une longue absence obligée.

Eux aussi pourraient manifester, eux aussi pourraient écrire des lettres à des amis, lettres qui seraient des programmes destinés à leur bon peuple de France, à l'effet de réclamer le trône de celui qui se faisait appeler le roi citoyen.

Ils ne sont certes pas si maladroits !.. Le peuple de France, ils le savent bien, n'aime pas qu'on s'impose à lui, surtout avec cette sorte d'arrogance royale qui déborde de toutes parts et à travers toutes les lignes et tous les mots du manifeste d'Henri V. — D'ailleurs il y a entre le royal prétendant et ses cousins d'Orléans un abîme, ce nous semble, dont un simple détail nous montre l'infranchissable étendue. Le comte de Chambord garde son drapeau, le drapeau blanc d'Henri IV, de Jeanne d'Arc ; il le garde comme son honneur. C'est là un noble sentiment, dont on ne saurait certes méconnaître la généreuse illusion ; mais on nous avait parlé de fusion entre les deux branches de la famille de Bourbon, et nous croyons difficilement que les fils du roi Louis-Philippe, qui ont eux-mêmes risqué leur vie sur les champs de bataille de l'Afrique pour l'honneur du drapeau tricolore, aient pu s'entendre avec le comte de Chambord sur cette question plus que délicate [1].

Les Bourbons de la branche aînée, représentés aujourd'hui par un simple rejeton, n'ont, bien que le siècle ait singulièrement marché depuis la chute terrible de leur trône et de leur dynastie, « rien appris ni rien oublié ». Le peuple de France est toujours à eux; ils le revendiquent comme leur bien, comme leur propriété, et ils ne voient pas que leur maladresse et les conseils d'inhabiles amis éloignent de plus en plus du parti incarné dans M. de Chambord les sympathies du pays tout entier.

Le dernier manifeste de l'héritier de tant de rois aura un résultat que bien certainement son auteur n'avait point en vue : il aura fait tout simplement, surtout par le rapprochement de la conduite imprudente tenue par lui, en même temps que de la réserve habile observée par ses cousins, les affaires de cette branche cadette qui a déjà supplanté, il y a quarante ans, « l'enfant du miracle » sur le trône de France, et qui a laissé dans les souvenirs publics de si réelles et de si fortes attaches.

Nous reproduisons dans cette brochure :

[1]. Voyez précisément, à ce sujet, l'important article du *Journal de Paris* paru sous ce titre : *Une Visite ajournée*, et que nous reproduisons à la conclusion de cette brochure.

1° Le manifeste adressé le 9 octobre 1870, par le comte de Chambord, au peuple français, et qui, vu les circonstances de la guerre et de l'investissement absolu de Paris, a passé presque inaperçu ;

2° La lettre adressée le 8 mai dernier, par M. le comte de Chambord, à son ami M. de Carayon ;

3° Le manifeste daté du 5 juillet, et publié le 8 par le journal *l'Union*.

4° Enfin nous donnons en appendice, à la suite de ces trois reproductions, les principaux articles des journaux de Paris, de toutes les opinions et de tous les partis, publiés au sujet de ce dernier manifeste.

La presse représente l'esprit public. M. le comte de Chambord, qui admet le suffrage universel, pourra se convaincre, en lisant ces extraits, que le sentiment de la France n'est pas encore tout entier avec lui.

GEORGES D'HEYLLI.

25 juillet 1871.

LES MANIFESTES

DU

COMTE DE CHAMBORD

I

Au mois d'octobre 1870, les amis de M. le comte de Chambord ont rendu public le document suivant :

Français,

Vous êtes de nouveau maîtres de vos destinées.

Pour la quatrième fois depuis moins d'un

demi-siècle, vos institutions politiques se sont écroulées, et nous sommes livrés aux plus douloureuses épreuves.

La France doit-elle voir le terme de ces agitations stériles, source de tant de malheurs?

C'est à vous de répondre.

Durant les longues années d'un exil immérité, je n'ai pas permis un seul jour que mon nom fût une cause de division et de trouble; mais, aujourd'hui qu'il peut être un gage de conciliation et de sécurité, je n'hésite pas à dire à mon pays que je suis prêt à me dévouer tout entier à son bonheur.

Oui, la France se relèvera si, éclairée par les leçons de l'expérience, lasse de tant d'essais infructueux, elle consent à rentrer dans les voies que la Providence lui a tracées.

Chef de cette maison de Bourbon qui, avec l'aide de Dieu et de vos pères, a constitué la France dans sa puissante unité, je devais ressentir plus profondément que tout autre l'étendue de nos désastres, et mieux qu'à tout autre il m'appartient de les réparer.

Que le deuil de la patrie soit le signal du

réveil et des nobles élans ! L'étranger sera repoussé, l'intégrité de notre territoire assurée, si nous savons mettre en commun tous nos efforts, tous nos dévouements et tous nos sacrifices.

Ne l'oubliez pas : c'est par le retour à ses traditions de foi et d'honneur que la grande nation un moment affaiblie recouvrera sa puissance et sa gloire.

Je vous le disais naguère : gouverner ne consiste pas à flatter les passions des peuples, mais à s'appuyer sur leurs vertus.

Ne vous laissez plus entraîner par de fatales illusions. Les institutions républicaines, qui peuvent correspondre aux aspirations de sociétés nouvelles, ne prendront jamais racine sur notre vieux sol monarchique.

Pénétré des besoins de mon temps, toute mon ambition est de fonder avec vous un gouvernement vraiment national, ayant le droit pour base, l'honnêteté pour moyen, la grandeur morale pour but.

Effaçons jusqu'au souvenir de nos discussions passées, si funestes au développement du véritable progrès et de la vraie liberté.

Français, qu'un seul cri s'échappe de notre cœur :

Tout pour la France, par la France et avec la France !

HENRI.

II

Le 8 mai dernier, M. le comte de Chambord a adressé à son ami, M. de Carayon, la lettre suivante :

Comme vous, mon cher ami, j'assiste, l'âme navrée, aux cruelles péripéties de cette abominable guerre civile qui a suivi de si près les désastres de l'invasion.

Je n'ai pas besoin de vous dire combien je m'associe aux tristes réflexions qu'elle vous inspire, et combien je comprends vos angoisses.

Lorsque la première bombe étrangère éclata sur Paris, je ne me suis souvenu que des grandeurs de la ville où je suis né. J'ai jeté au monde un cri qui a été entendu.

Je ne pouvais rien de plus, et aujourd'hui,

comme alors, je suis réduit à gémir sur les horreurs de cette guerre fratricide.

Mais ayez confiance : les difficultés de cette douloureuse entreprise ne sont pas au-dessus de l'héroïsme de notre armée.

Vous vivez, me dites-vous, au milieu d'hommes de tous les partis, préoccupés de savoir ce que je veux, ce que je désire, ce que j'espère.

Faites-leur bien connaître mes pensées les plus intimes et tous les sentiments dont je suis animé.

Dites-leur que je ne les ai jamais trompés, que je ne les tromperai jamais, et que je leur demande, au nom de nos intérêts les plus chers et les plus sacrés, au nom de la civilisation, au nom du monde entier, témoin de nos malheurs, d'oublier nos dissensions, nos préjugés et nos rancunes.

Prémunissez-les contre les calomnies répandues dans l'intention de faire croire que, découragé par l'excès de nos infortunes et désespérant de l'avenir de mon pays, j'ai renoncé au bonheur de le sauver.

Il sera sauvé le jour où il cessera de confondre la licence avec la liberté ; il le sera surtout quand il n'attendra plus son salut de ces gouvernements d'aventure qui, après quelques années de fausse sécurité, le jettent en d'effroyables abîmes.

Au-dessus des agitations de la politique, il y a une France qui souffre, une France qui ne peut pas périr, et qui ne périra pas : car, lorsque Dieu soumet une nation à de pareilles épreuves, c'est qu'il a encore sur elle de grands desseins.

Sachons reconnaître enfin que l'abandon des principes est la vraie cause de nos désastres.

Une nation chrétienne ne peut pas impunément déchirer les pages séculaires de son histoire, rompre la chaine de ses traditions, inscrire en tête de sa constitution la négation des droits de Dieu, bannir toute pensée religieuse de ses codes et de son enseignement public.

Dans ces conditions elle ne fera jamais qu'une halte dans le désordre; elle oscillera perpétuellement entre le césarisme et l'anarchie, ces deux formes également honteuses des décadences païennes, et n'échappera pas au sort des peuples infidèles à leur mission.

Le pays l'a bien compris quand il a choisi pour mandataires des hommes éclairés, comme vous, sur les besoins de leur temps, mais non moins pénétrés des principes nécessaires à toute société qui veut vivre dans l'honneur et dans la liberté.

C'est pourquoi, mon cher ami, malgré ce qui reste de préjugés, tout le bon sens de la France aspire à la monarchie. Les lueurs de l'incendie lui font apercevoir le chemin ; elle sent qu'il lui faut l'ordre, la justice, l'honnêteté, et qu'en dehors de la monarchie traditionnelle elle ne peut rien espérer de tout cela.

Combattez avec énergie les erreurs et les préventions, qui trouvent un accès trop facile jusque dans les âmes les plus généreuses.

On dit que je prétends me faire décerner un pouvoir sans limite. Plût à Dieu qu'on n'eût pas accordé si légèrement ce pouvoir à ceux qui, dans les jours d'orage, se sont présentés sous le nom de sauveurs : nous n'aurions pas la douleur de gémir aujourd'hui sur les maux de la patrie.

Ce que je demande, vous le savez, c'est de travailler à la régénération du pays ; c'est de donner l'essor à toutes ses aspirations légitimes ; c'est, à la tête de toute la maison de France, de présider à ses destinées en soumettant avec confiance les actes du Gouvernement au sérieux contrôle de représentants librement élus.

On dit que la monarchie traditionnelle est incompatible avec l'égalité de tous devant la loi.

Répétez bien que je n'ignore pas à ce point les leçons de l'histoire et les conditions de la vie des peuples.

Comment tolérerais-je des privilèges pour d'autres, moi qui ne demande que celui de consacrer tous les instants de ma vie à la sécurité et au bonheur de la France, et d'être toujours à la peine avant d'être avec elle à l'honneur.

On dit que l'indépendance de la papauté m'est chère, et que je suis résolu à lui obtenir d'efficaces garanties : on dit vrai.

La liberté de l'Église est la première condition de la paix des esprits et de l'ordre dans le monde. Protéger le Saint-Siége fut toujours l'honneur de notre patrie et la cause la plus incontestable de sa grandeur parmi les nations. Ce n'est qu'aux époques de ses plus grands malheurs que la France a abandonné ce glorieux patronage.

Croyez-le bien, je serai appelé, non-seulement parce que je suis le droit, mais parce que je suis l'ordre; parce que je suis la réforme; parce que je suis le fondé de pouvoir nécessaire pour remettre en sa place ce qui n'y est pas, et gouverner avec la justice et les lois, dans le but de réparer les maux du passé et de préparer enfin un avenir.

On se dira que j'ai la vieille épée de la France dans la main, et dans la poitrine ce cœur de roi et de père qui n'a point de parti. Je ne suis point un parti, et je ne veux pas revenir pour régner par un parti. Je n'ai ni injure à venger, ni ennemi à écarter, ni fortune à refaire, sauf celle de la France; et je puis choisir partout les ouvriers qui voudront loyalement s'associer à ce grand ouvrage.

Je ne ramène que la religion, la concorde et la paix; et je ne veux exercer de dictature que celle de la clémence, parce que, dans mes mains, et dans mes mains seulement, la clémence est encore la justice.

Voilà, mon cher ami, pourquoi je ne désespère pas de mon pays, et pourquoi je ne recule pas devant l'immensité de la tâche.

La parole est à la France, et l'heure est à Dieu.

HENRI.

8 mai 1871.

III

Le 8 juillet 1871, le journal l'*Union* a publié le Manifeste suivant, adressé par le comte de Chambord au peuple français :

Français,

Je suis au milieu de vous.

Vous m'avez ouvert les portes de la France, et je n'ai pu me refuser le bonheur de revoir ma patrie.

Mais je ne veux pas donner, par ma présence prolongée, de nouveaux prétextes à l'agitation des esprits, si troublés en ce moment.

Je quitte donc ce Chambord, que vous

m'avez donné, et dont j'ai porté le nom avec fierté, depuis quarante ans, sur les chemins de l'exil.

En m'éloignant, je tiens à vous le dire, je ne me sépare pas de vous; la France sait que je lui appartiens.

Je ne puis oublier que le droit monarchique est le patrimoine de la nation, ni décliner les devoirs qu'il m'impose envers elle.

Ces devoirs, je les remplirai, croyez-en ma parole d'honnête homme et de roi.

Dieu aidant, nous fonderons ensemble, et quand vous le voudrez, sur les larges assises de la décentralisation administrative et des franchises locales, un gouvernement conforme aux besoins réels du pays.

Nous donnerons pour garantie à ces libertés publiques, auxquelles tout peuple chrétien a droit, le suffrage universel honnêtement pratiqué et le contrôle des deux Chambres, et nous reprendrons, en lui restituant son caractère véritable, le mouvement national de la fin du dernier siècle.

Une minorité révoltée contre les vœux du pays en a fait le point de départ d'une période de démoralisation par le mensonge et de désorganisation par la violence. Ses criminels attentats ont imposé la révolution à une nation qui ne demandait que des réformes, et l'ont, dès lors, poussée vers l'abime où hier elle eût péri sans l'héroïque effort de notre armée.

Ce sont les classes laborieuses, ces ouvriers des champs et des villes, dont le sort a fait l'objet de mes plus chères études, qui ont le plus souffert de ce désordre social.

Mais la France, cruellement désabusée par des désastres sans exemple, comprendra qu'on ne revient pas à la vérité en changeant d'erreur, qu'on n'échappe pas par des expédients à des nécessités éternelles.

Elle m'appellera, et je viendrai à elle tout entier, avec mon dévouement, mon principe et mon drapeau.

A l'occasion de ce drapeau, on a parlé de conditions que je ne dois pas subir.

Français,

Je suis prêt à tout pour aider mon pays à se relever de ses ruines et à reprendre son rang dans le monde ; le seul sacrifice que je ne puisse lui faire, c'est celui de mon honneur.

Je suis et veux être de mon temps ; je rends un sincère hommage à toutes ses grandeurs, et, quelle que fût la couleur du drapeau sous lequel marchaient nos soldats, j'ai admiré leur héroïsme, et rendu grâce à Dieu de tout ce que leur bravoure ajoutait au trésor des gloires de la France.

Entre vous et moi, il ne doit subsister ni malentendu ni arrière-pensée.

Non, je ne laisserai pas, parce que l'ignorance ou la crédulité auront parlé de priviléges, d'absolutisme et d'intolérance, que sais-je encore ? de dime, de droits féodaux, fantômes que la plus audacieuse mauvaise foi essaye de ressusciter à vos yeux, je ne laisserai pas arracher de mes mains l'étendard d'Henri IV, de François Ier et de Jeanne d'Arc.

C'est avec lui que s'est faite l'unité nationale, c'est avec lui que vos pères, conduits par les miens, ont conquis cette Alsace et cette Lorraine dont la fidélité sera la consolation de nos malheurs.

Il a vaincu la barbarie sur cette terre d'Afrique, témoin des premiers faits d'armes des princes de ma famille; c'est lui qui vaincra la barbarie nouvelle dont le monde est menacé.

Je le confierai sans crainte à la vaillance de notre armée; il n'a jamais suivi, elle le sait, que le chemin de l'honneur.

Je l'ai reçu comme un dépôt sacré du vieux roi mon aïeul, mourant en exil; il a toujours été pour moi inséparable du souvenir de la patrie absente; il a flotté sur mon berceau, je veux qu'il ombrage ma tombe.

Dans les plis glorieux de cet étendard sans tache, je vous apporterai l'ordre et la liberté.

Français,

Henri V ne peut abandonner le drapeau blanc d'Henri IV.

HENRI.

Chambord, 5 juillet 1871.

APPENDICES

Nous donnons ci-après, en entier ou par extraits, les articles des principaux journaux de Paris relatifs au dernier manifeste de M. le comte de Chambord.

I

LE FIGARO [1]

La lettre de monseigneur le comte de Chambord est un document capital. D'abord elle constate comme un fait accompli cette fusion de la branche aînée et de la branche cadette, rêvée et poursuivie depuis 1849. C'est à la tête de *toute la Maison de France* que le fils de saint Louis rentrerait dans ce pays, que ses aïeux ont fait grand et prospère, dont ils ont accompli l'unité aujourd'hui menacée.

Cette lettre, en outre, a le grand avantage de formuler un programme assez large pour rassurer les intérêts et les besoins du monde moderne.

[1] Cet article est relatif à la lettre adressée à M. de Carayon-Latour.

« Je ne suis point un parti, dit monseigneur le comte de Chambord, je ne veux pas revenir pour régner pour un parti. Je n'ai ni injure à venger, ni ennemi à écarter, ni fortune à refaire, sauf celle de la France, et je puis choisir partout les ouvriers qui voudront loyalement s'associer à ce grand ouvrage. »

Quand le descendant du roi chevalier parle ainsi, personne n'a le droit de douter de sa parole.

Si nous osions donner un avis à l'auguste exilé, nous lui dirions :

« Votre lettre est faite de main d'ouvrier : elle est bonne, parce qu'elle rappelle qui vous êtes, parce qu'elle apprend ce que vous voulez faire savoir au peuple oublieux et ignorant.

« Maintenant, monseigneur, attendez, vous et toute la maison de France. Votre rôle est tracé, et vous n'avez point à vous compromettre dans des querelles de parti.

« Si la France accepte de prolonger l'expérience d'une République dirigée et soutenue par d'honnêtes gens, assez forts pour nous sauver du désordre, vos partisans, le cœur brisé, mais fidèles à leurs devoirs de citoyens, s'inclineront devant la volonté générale ; si, au contraire, l'expérience condamne encore une fois cette forme de gouvernement, chère à tant d'esprits élevés, mais, hélas ! prétexte de tant de gredineries, nous savons tous maintenant où aller chercher une volonté ferme et sereine de sauver la France. »

H. DE VILLEMESSANT.

II

LE BIEN PUBLIC.

Rendons hommage d'abord aux qualités de ce manifeste; nous le pouvons d'autant mieux que nous sommes plus éloigné de répondre à cet appel. Le ton en est parfaitement digne, plein de franchise, chevaleresque même; on ne relève pas plus vaillamment son drapeau.

. . . .

Le comte de Chambord parle en son nom; il est seul; il est le roi; il parle en roi. Cela nous plaît; on ne savait plus guère en France comment parlait un roi. Il est bon qu'on le sache. Il est bon qu'au lieu des sottes calomnies que repousse très-justement le comte de Chambord, on connaisse la réalité. Notre temps a ce mérite, chèrement acheté, hélas! de laisser voir les visages à découvert. Ce que proclame le manifeste du 5 juillet, ce n'est pas une restauration quelconque, une prétention au trône; ce manifeste n'est pas un plaidoyer, c'est une prise de possession; c'est une mainmise sur la France; c'est la rentrée du roi. Henri V règne; les circonstances seules font qu'il ne gouverne pas; mais on sent qu'il a dû retenir sa main pour ne pas écrire *mon peuple, mon armée*. C'est l'affirmation nette et sans ambages de la royauté de droit divin; la revendication du droit monarchique, — patrimoine de la nation, — ce sont les expressions mêmes du comte de Chambord.

. . . .

L'heure d'organiser une société monarchique en France est passée. Oh! nous ne jetons pas la pierre à ceux qui rêvent cette résurrection; nous comprenons l'émotion de certains cœurs loyaux devant ce manifeste; républicain, nous respectons cette forme digne et cette pensée qui ne se courbe pas. Mais nous répondons par le mot fatal, par l'éternelle condamnation : Trop tard!

Il est trop tard; la France a oublié. Il est trop tard, les forces qu'il vous faudrait sont dispersées. Vous ne pouvez plus, vous seriez impuissant à les réunir. Il y a dans votre discours des mots qui protestent contre vos conclusions.

Les Français jeunes ne vous connaissent pas, leurs aînés ont vécu sans vous, et il est arrivé ceci, c'est que les esprits chercheurs et patriotes, soucieux de rendre à leur pays la stabilité qui lui manque, ont préparé les bases d'une société nouvelle. Mais tandis que vous pensiez à une société monarchique, eux se tournaient vers la démocratie, parce qu'il faut raisonner et travailler sur des quantités réelles et que la France est démocratique.

Leur œuvre et la vôtre sont distinctes; ils sont l'immense majorité, la majorité intelligente et forte. Ne les confondez pas avec les révolutionnaires, avec les jacobins, les radicaux ou les communards; ils ne sont pas socialistes; ils ne sont pas matérialistes; ils ne comprennent pas une société sans idéal; ils ont la haine des utopies dissolvantes, qui voudraient tuer au cœur de l'homme et du citoyen tous les nobles amours. Cette France, dont nous parlons, est peu connue; elle était ignorée hier; elle commence à se montrer aujourd'hui; elle sera demain à la tête du mouvement.

Cette France là est républicaine; elle a le respect profond de la loi, l'amour du devoir et du travail; elle se préoccupe des idées sociales, du sort des travailleurs; mais elle ne croit pas à la forme et à la société monarchiques. Elle a la conviction absolue que les efforts des monarchistes de droit divin seront infructueux. Elle ne prétend pas que la sottise de la foule, les fautes de quelques républicains, l'habileté même d'un homme ne puissent la remettre provisoirement sous la tutelle d'un roi; mais ce serait un roi de convention, une monarchie nationale, un simili-trône. Ce n'est pas cela que réclame le manifeste de Chambord; ce n'est pas par cette porte basse que voudrait passer le roi, portant l'oriflamme de Jeanne d'Arc ou le drapeau d'Henri IV.

H. Vaignault.

III

LES DÉBATS.

Le comte de Chambord est un prince honnête et bien intentionné, auquel ses adversaires politiques les plus déterminés ne peuvent refuser leur estime et leur respect; mais il se trompe sur les idées, les besoins, les sentiments et les passions du peuple qu'il aspire à gouverner, et dont il se croit le chef naturel, légitime et nécessaire.

Pour le comte de Chambord, qui se donne à lui-même

le nom de Henri V, la France ne fera que « changer d'erreur » tant qu'elle cherchera à échapper à des *nécessités éternelles*, tant qu'elle ne voudra pas jouir de son *patrimoine* en rétablissant le *droit monarchique*, c'est-à-dire en rappelant le seul et unique héritier de Louis XVI et de Charles X, et en relevant le drapeau blanc.

Car « Henri V » nous le dit nettement, sans ambages ni circonlocutions : lui parler de régner à l'ombre d'un autre drapeau que « l'étendard de Henri IV, de François Ier et de Jeanne d'Arc », c'est vouloir lui imposer des *conditions* qu'il ne doit pas *subir*.

Le prince nous rappelle que ce drapeau auquel il tient tant, il l'a reçu « du vieux roi son aïeul mourant en exil ». Pourquoi réveiller le souvenir de cet exil, où le vieux roi n'est mort que parce qu'il avait voulu attenter à nos libertés et déchirer la Charte qu'il avait juré de respecter?

Le prince ne sait-il donc pas que, quand les bandits qui s'étaient emparés du pouvoir, le 18 mars, cherchaient à soulever une indignation générale contre le gouvernement légal et légitime, la calomnie la plus puissante à laquelle ils avaient recours, c'était que Versailles se préparait à arborer le drapeau blanc? Ne sait-il pas que c'est ce mensonge, pris au sérieux par une foule trop crédule, qui a donné le plus de soldats à la Commune?

Les erreurs et les crimes de la révolution, que nous n'avons pas oubliés, ne nous ont pas dégoûtés des principes qu'elle a fait triompher par des moyens funestes. Le prince nous propose de rétrograder avec lui, en haine de ces crimes et de ces fautes, jusqu'aux années qui ont précédé 1789 : autant vaudrait nous proposer de réparer les fautes de l'administration de M. Haussmann en démolissant la rue de Rivoli pour reconstruire les bicoques qu'elle a renversées.

Le drapeau blanc est à peu près aussi redouté de toute la France que le drapeau rouge. Une seule chose pourrait rendre au drapeau rouge une chance de succès, ce serait une victoire momentanée du drapeau blanc.

IV

LE FIGARO.

La proclamation qu'on va lire vient de m'être remise par M. le comte de Chevigné.

Pour beaucoup de journaux légitimistes elle sera sans doute un désappointement. Ces journaux y verront une nouvelle cause d'éloignement pour l'accomplissement de leurs vœux. Je crains même qu'aucun d'eux n'ose faire précéder de quelques lignes la proclamation de M. le comte de Chambord, et que la plupart n'en livrent purement et simplement le texte à leurs lecteurs.

Je ne saurais agir de même, non pas que j'aie ici à exprimer un avis, car il y a deux choses qu'on ne discute pas : la religion et la légitimité. Lorsque le pape affirme un dogme, tout chrétien l'accepte. Le roi a parlé, je m'incline devant sa parole.

Avant tout, prise dans son ensemble, la proclamation de Mgr le comte de Chambord est une page superbe, la plus grande peut-être que son auguste auteur ait jamais écrite. Un point, un seul, pourrait faire naître des appréhensions, sinon des dissidences. Ce point, c'est la question du drapeau. Mgr le comte de Chambord déclare ne pouvoir abandonner le drapeau blanc de Henri IV, de François Ier et de Jeanne d'Arc, drapeau qui a fait l'unité de la France.

Et pourquoi pas? Je ne discute pas, je le répète; mais, si quelqu'un hasardait un blâme, je lui répondrais : La Commune a bien osé opposer l'immonde drapeau rouge au drapeau tricolore. Qu'y aurait-il donc de si étrange à voir le drapeau blanc, le drapeau vierge et sans tache, remplacer le même drapeau tricolore, glorieux sans doute dans le passé, mais dont, hélas! les Prussiens ont enlevé à nos armées héroïques un si grand nombre !

Je ne serais pas étonné que cette considération n'ait pas été étrangère à la résolution prise par le chef de la maison de France.

Mais un autre point non moins essentiel ressort de cette proclamation : c'est le départ immédiat de Mgr le comte de Chambord de cette terre de France, dont il a été exilé pendant quarante ans, et qu'il n'aura revue que pendant quelques jours ou plutôt quelques heures.

Ce départ, l'illustre proscrit indique le motif ou plutôt le devoir qui l'y a déterminé. Le roi de France ne conspire pas et ne consentirait jamais à s'imposer à la France. Il attendra donc, dans la dignité qui lui convient, le jour où la France l'appellera.

Si ce jour ne doit venir jamais, si la République honnête, tentée aujourd'hui par M. Thiers, réussit à prendre racine, moi, légitimiste, je suivrai l'exemple donné et je m'inclinerai devant la volonté de mon pays. Si, au contraire, comme j'en suis convaincu, cette tentative échoue, j'ai la conviction que le salut est dans la restauration de la monarchie légitime, avec Henri V pour roi et pour drapeau le drapeau blanc, qui a fait la France glorieuse et grande.

Ce jour-là, quand autour du roi de France se grouperont les vrais royalistes, eh bien, que messieurs les Prussiens qui voudront des drapeaux blancs viennent donc les prendre.

H. DE VILLEMESSANT.

V

LE GAULOIS.

Le parti légitimiste était déjà bien malade depuis les élections du 2 juillet. M. le comte de Chambord, qui signe « Henri V », vient de lui porter le dernier coup. Le manifeste qu'il adresse aux Français, au moment de se réengager comme volontaire de l'exil, est, à proprement parler, le testament politique d'*un homme qui s'en va.*

Le comte de Chambord, après avoir voyagé pendant quarante ans, comme il le dit lui-même, « sur les chemins de l'exil », avait éprouvé le besoin de revoir sa patrie. Il a trouvé sa patrie bien changée, — si changée qu'au bout de quelques jours il a éprouvé cette sorte de nostalgie insupportable qui accable le voyageur de lassitude et d'ennui, lorsqu'il affronte le séjour des climats inconnus. L'air qu'on respire aujourd'hui en France a été complétement renouvelé par quatre-vingts ans de révolutions successives. Il n'y a donc rien d'étonnant à ce qu'un fils de saint Louis, se trouvant tout d'un coup transporté dans un milieu dont les conditions atmosphériques ont été si profondément modifiées, éprouve tout d'abord un grand malaise et s'écrie : « Mais on étouffe ici! » M. le comte de Chambord se trouvait dépaysé dans la France de 1871 ; l'air de l'ancien régime manque à ses poumons. Le mot est triste à dire : c'est en France que le prince se trouvait véritablement exilé.

Le comte de Chambord n'a jamais guère été qu'un prétendant loyalement platonique. Représentant d'un principe que ses amis et lui-même considèrent comme supérieur et divin, il ne lui convenait pas de s'abaisser aux intrigues politiques, aux aventures de restauration et aux coups de main hasardeux dont les princes de contrebande se servent pour aider, comme dit Saint-Simon, la fortune au jeu. Le métier d'un principe, d'un vrai principe, s'entend, est de ne pas bouger et d'attendre. Le comte de Chambord a attendu toute sa vie; il déclare aujourd'hui qu'il attendra jusqu'à sa mort. Ce n'est pas un homme dangereux; c'est un honnête homme, loyal et digne, qui s'est pétrifié dans un rôle de monarque imaginaire. « Je suis roi! » il a dit cela couramment, avec la sérénité d'une âme que n'a jamais ridée le moindre souffle de scepticisme.

Je ne voudrais rien dire de désobligeant pour un prince aussi discret et aussi peu embarrassant que M. le comte de Chambord; je veux même dire qu'il a fait preuve d'un grand courage en publiant comme un suprême adieu, au moment de quitter la France, un programme de gouvernement qui tourne si complétement le dos à tout ce qui existe aujourd'hui dans notre pays.

Le noble châtelain de Chambord promet de revenir lorsqu'on l'appellera, pour « reprendre, en lui restituant son véritable caractère, *le mouvement national de la fin du dernier siècle* ».

Je ne sais pas au juste ce que le prince entend par « le mouvement national de la fin du dernier siècle ». Je connais un mouvement national à la fin du dix-huitième siècle, qui est violemment entré en lutte avec les institutions de la monarchie absolue, qui les a battues en brèche pendant fort longtemps par la plume des écrivains philosophes, et qui a fini par les terrasser et les réduire en poudre en provoquant cette vaste tourmente politique et sociale qui s'appelle, dans l'histoire, la Révolution française. Je connais aussi, à la fin du dernier siècle, un mouvement, — mais celui-ci doit-il s'intituler *national* de son vrai nom? — qui a toujours tenté d'arrêter le flot montant de l'opinion, qui s'est mis en travers de toutes les réformes libérales que réclamaient alors la marche des esprits et les progrès du temps, et qui, en fin de compte, ayant été impuissant à maintenir intact le vieux musée féodal des priviléges et des abus, a précipité pêle-mêle ceux qui le soutenaient dans une ruine irréparable et immense.

Duquel de ces deux mouvements le comte de Chambord veut-il parler? Là-dessus son manifeste est peu précis : il se contente de protester vaguement contre les accusations surannées que la mauvaise foi et l'ignorance accumulent à plaisir sur le compte de la maison de France. La maison de France, selon lui, n'entend relever ni les priviléges de l'absolutisme, ni les abus de l'intolérance, ni les droits féodaux, ni la dîme; elle ne gardera rien du passé, rien, si ce n'est l'image du passé lui-même, le drapeau blanc.

Le comte de Chambord s'étend longuement sur cette question du drapeau; on voit qu'elle lui tient fort au cœur. « Je ne laisserai pas arracher de mes mains, s'écrie-t-il, l'étendard de Henri IV, de François Ier et de Jeanne d'Arc. » C'est là, paraît-il, qu'il a placé son point d'honneur.

Si tout le monde, en France, était, par son éducation et son intelligence, capable de se mettre au-dessus du préjugé des mots, — les mots par eux-mêmes n'étant rien ou n'étant que peu de chose, — le point d'honneur du prince ne tirerait pas à conséquence. On dirait entre soi : « Il tient à son drapeau, cet excellent homme; laissons-lui son drapeau. » En ce qui me concerne personnellement, je ne suis pas de ceux qui considèrent, en politique, les questions de drapeau comme des questions de vie ou de mort. Je sais qu'il y a beaucoup à dire sur les drapeaux de toutes couleurs, et, si l'on me pressait un peu, entre des étendards de nuances variées, je donnerais mon choix pour un fétu, — à condition, bien entendu, qu'on m'accordât ensuite ce que je voudrais.

Pour ce qui est du drapeau blanc en particulier, il a été exposé à tant de conjonctures différentes qu'il n'excite en moi absolument ni haine ni enthousiasme. Le drapeau blanc a été, avec Henri IV, à Arques et à Ivry; avec Charles IX, à la Saint-Barthélemy; avec Condé, à Rocroy; il a été porté fièrement par les lieutenants de Louis XIV sur une vingtaine de champs de bataille; il a été promené agréablement par Louis XV sur les meubles de tous les boudoirs et sur les genoux d'une foule de jolies femmes; il est allé au delà de l'Atlantique défendre la cause de l'indépendance américaine; puis, pour finir, il a émigré à Coblentz. Il a couvert de son ombre protectrice le manifeste de Brunswick, et nous est revenu, après vingt-cinq ans d'absence, en compagnie de Wellington, de Blücher, de Schwartzenberg, de M. de Metternich, de lord Castelreagh et de l'honorable Nesselrode. A cette dernière et suprême étape, nous l'avouons, le drapeau blanc n'avait pas le droit d'être bien fier. Mais que voulez-vous? Le drapeau blanc a été comme les autres, il n'a pas toujours eu de la chance; ce n'est pas, du reste, le seul drapeau avec lequel on ait perdu des batailles, ni même avec lequel on ait perdu une couronne...

Je ne trouverais donc pas mauvais que le comte de Chambord professât une piété plus ou moins exagérée pour cette patriotique relique de famille; je lui permettrais volontiers de s'attendrir sur ce drapeau blanc qui « a flotté sur son berceau » et qui « ombragera sa tombe ». Mais le malheur est que, si le drapeau blanc est pour le prince un précieux souvenir d'enfance, il est pour la masse du peuple un symbole détesté.

Le peuple aime à symboliser toutes ses idées. Ce lambeau d'étoffe qui flotte au-dessus d'une hampe est pour lui l'incarnation vivante de certains faits et de certains principes. Le drapeau déployé en l'air est pour lui un signe de ralliement ou un signe de haine. Pour le peuple français, le drapeau blanc est le symbole de l'ancien régime; c'est un signe d'oppression et de misère. Contre le drapeau blanc toute la province a voté, le 2 juillet, avec la même conviction et la même ardeur que Paris, au lendemain de la Commune, avait voté contre le drapeau rouge.

On ne remonte pas aisément le courant des préjugés populaires, pas plus qu'on ne remonte le courant de l'histoire. C'est pourquoi Henri V retourne en exil, emportant probablement pour toujours dans les plis du drapeau blanc les destinées royales de la maison de Bourbon.

Émile Villemot.

VI

LA GAZETTE DE FRANCE.

Des journaux nous interpellent directement à propos du manifeste de M. le comte de Chambord. Ils croient nous embarrasser. La politique que nous avons constamment suivie est trop nette pour que nous puissions jamais hésiter à en parler ouvertement.

On ne veut voir dans le manifeste de M. le comte de Chambord que la partie concernant le drapeau, parce que c'est celle-là qui agite le plus les esprits; nous croyons, nous, que, tout en tenant compte du paragraphe sur le drapeau, il faut surtout s'attacher à ce que dit Henri V de nos franchises locales, du suffrage universel honnêtement pratiqué, de la liberté, de l'ordre, des deux Chambres et de ce mouvement national de la fin du siècle dernier qui porte dans notre histoire la date de 1789.

Le drapeau est une question qui, pour nos amis, est absolument réservée à la nation, puisque c'est du drapeau national qu'il s'agit.

M. le comte de Chambord fait entendre de magnifiques paroles en faveur du drapeau blanc, et tout le monde s'expliquera qu'il mette cette énergie à défendre l'étendard d'Henri IV, sous lequel a eu lieu la dernière conquête de la France : l'Algérie.

En envisageant la question à ce point de vue, on comprend les sentiments qui ont prévalu dans l'esprit de M. le comte de Chambord. Mais, nous le répétons, l'opinion de l'immense majorité de nos amis est que la question du drapeau a toujours été considérée par les Français comme appartenant au pays même, à la nation tout entière, et que c'est à elle à la trancher le jour où les événements l'auront posée.

C'est ainsi qu'elle a été présentée depuis vingt-cinq ans et que nous l'avons comprise. La magnifique page dans laquelle M. le comte de Chambord exalte le drapeau de Henri IV ne change pas évidemment les termes de cette question, dont le principe a un caractère essentiellement national.

La France a fait son unité, son histoire, sous différentes couleurs. Le rouge, le bleu, le blanc, ont été tour à tour témoins, avec les rois de la première, de la seconde, de la troisième race, de la vaillance et du patriotisme des Français. M. le comte de Chambord a voulu rappeler à l'honneur du drapeau blanc les conquêtes des provinces que nous venons, hélas! de perdre ; ce cri d'orgueil patriotique lui est échappé en présence de la faiblesse qu'ont montrée les Bonaparte et les révolutionnaires à défendre un autre drapeau.

Pour nous, nous ne pouvons que répéter ce que nous avons dit : la question a toujours paru à nos amis réservée à la nation, et la partie du manifeste où M. le comte de Chambord exprime son opinion ne saurait avoir pour effet d'en altérer le caractère.

Nous ne voulons rien dire de plus; mais nous

sommes bien convaincu que, si l'on eût espéré en France, il y a six mois, qu'avec ce signe l'on eût vaincu l'étranger, l'immense majorité des Français l'eût acclamé.

Nous entendons simplement dire par là que la question du drapeau ne peut être envisagée au seul point de vue où nos adversaires se placent. Les événements et la volonté de la nation ont dominé et domineront toujours cette question C'est pour cela qu'elle est peut-être la seule qu'il soit inopportun de trancher avant l'heure.

Aussi engageons-nous les journaux qui veulent discuter utilement le Manifeste de M. le comte de Chambord à aborder les autres parties de ce programme, où se trouve l'affirmation du suffrage universel, et par conséquent la reconnaissance du principe de notre droit national.

GUSTAVE JANICOT.

VII

JOURNAL DE PARIS.

Dans ce manifeste, le comte de Chambord parle en roi, au nom du droit monarchique, dont il se considère comme le représentant légitime. Nous rendrons pleine justice à la droiture des intentions et à la loyauté du prince; en s'adressant à la France comme le chef de la maison de Bourbon, il déclare hautement « qu'il viendra tout entier, avec son principe et son drapeau », pour continuer les traditions de la vieille royauté, et, en qualité de successeur de nos anciens rois, il prend le nom d'Henri V.

Le comte de Chambord croit que la France ira de révolution en révolution tant qu'elle ne sera pas revenue à la vérité en reconnaissant « le droit monarchique, patrimoine de la nation ». C'est tenir à la France un langage qu'elle ne comprend plus.

Ce manifeste ne fera que creuser l'abîme entre la nation et la légitimité ; il montre clairement que le prince qui prétend conduire les destinées de la France ne connaît ni son temps ni son époque. Lorsque M. le comte de Chambord dit qu'il n'est pas de son honneur de subir certaines conditions et qu'il ne peut rentrer qu'avec le drapeau blanc, il ignore donc que ce symbole signifie pour la masse de la nation l'ancien régime, et que le seul souvenir du passé soulève encore les préjugés et les passions populaires.

Nous ne pouvons que respecter la conviction sincère du chef de la maison de Bourbon. Mais nous devons aussi constater que la politique du manifeste fait un contraste bien tranché avec l'attitude d'un grand nombre de légitimistes. Ce parti compte à l'Assemblée beaucoup d'hommes vraiment libéraux, qui sont fermement attachés aux libertés modernes et connaissent tous les besoins de notre époque. Ils en ont donné la preuve à plusieurs reprises, dans les débats de la Chambre, et nous ne doutons pas qu'ils regrettent profondément l'esprit du manifeste.

P. MAUJEAN.

VIII

LE SIÈCLE.

Encouragé par le magnifique succès du parti légitimiste, qui a obtenu *une* nomination dans le Morbihan, le comte de Chambord a pris la parole encore une fois.

Le comte de Chambord va quitter son château de Touraine, pour ne pas donner, dit-il, de « nouveaux prétextes à l'agitation des esprits »; mais, en s'éloignant, il lance un manifeste de Parthe, qui serait fait tout juste pour troubler les esprits, si le comte de Chambord et ses antiques prétentions et ses lamentations périodiques ne laissaient la France parfaitement indifférente, surtout au lendemain des élections du 2 juillet.

Ce morceau de roi en expectative est tout à fait solennel. Le comte de Chambord passe le Rubicon, s'appelle Henri V, se présente avec tous ses avantages, et dit, une bonne fois pour toutes, à ces Français ingrats et insensibles, tout ce qu'il est, tout ce qu'il veut, tout ce qu'il ferait si lesdits Français voulaient avoir la bonté de lui offrir le trône de saint Louis. Est-ce notre faute si tout cet appareil de rhétorique a un faux air de pompe théâtrale et de roi de coulisses qui vient faire ses adieux au parterre qui le siffle? C'est vieillot, et l'on dirait que l'homme et le prospectus ont été trouvés avant-hier dans les ruines d'Herculanum.

Le drapeau blanc a fait les frais de la circulaire. « A l'occasion de ce drapeau », dit le comte de Chambord, « on a parlé de conditions *que je ne dois pas subir.* » A la bonne heure! voilà où en est la fusion. Nous nous étions toujours douté que les saint Jean-Baptiste de la *Gazette de France*, qui allaient criant : Aplanissez les sentiers de Frohsdorff à Twickenham, bernaient agréablement leurs lecteurs; mais il est bon que la voix de l'illustre candidat perpétuel au trône soit entendue en cette matière.

. . . .

Le comte de Chambord déclare qu'il ne supprimerait pas le suffrage universel, et qu'il ne ramènerait ni la dîme, ni la corvée, ni les droits féodaux. Seulement on reprendrait l'histoire à 1789, parce que la révolution a été le point de départ d'une période de « démoralisation par le mensonge » et de « désorganisation par la violence ». L'école légitimiste nous referait les droits de l'homme, une religion d'État, et tout ce qu'il faut pour nous faire reculer d'un siècle. Le comte de Chambord nous dit de ce gouvernement : « Dieu aidant, nous le fonderons ensemble, quand vous le voudrez. » Si c'est quand nous le voudrons, qu'il ait la bonté d'attendre sous l'orme la volonté nationale.

Adolphe Michel.

C'est l'esprit des ruines qui parle dans ce manifeste daté d'une ruine.

Le sentiment qu'on éprouve à sa lecture est celui qui vous assaille quand vous visitez la mélancolique résidence. Même moisissure et même vétusté. Le prince ne veut changer ni la couleur de ses idées, ni la couleur de son drapeau. Comme idées, il en est à Louis XVI; comme drapeau, à Jeanne d'Arc. L'étendard de la Pucelle a flotté sur son berceau, il doit ombrager sa tombe. Quant à la révolution de 89, elle a été le triomphe d'une « minorité révoltée contre les vœux du pays », et il la faut oublier. On n'est ni plus archaïque ni plus réactionnaire. Épiménide lui même serait frappé de stupeur en contemplant ce revenant de l'ancien régime.

Eh bien ! nous le disons sans raillerie, une telle candeur nous a séduit et touché. Si tous les prétendants s'étaient ainsi présentés à nous, le visage découvert, nous n'aurions pas fait les rudes expériences dont l'amer souvenir nous poursuit encore. Le comte de Chambord a le droit de se montrer fier entre tous les rejetons de race privilégiée : il est honnête, et c'est un phénomène rare. Il ne porte point de masque. Ce qu'il pense, il le dit, et il le dit comme il le pense. Point de dissimulation, point de tromperie. On peut s'en fier à sa parole : le jour où le hasard des événements l'appellera sur le trône de ses pères, il rétablira le drapeau blanc, la pairie héréditaire, le droit d'aînesse, la noblesse et les anciennes provinces. Voilà qui est avéré, notoire désormais; personne ne peut s'y méprendre. Une façon aussi innocente de s'exposer à cœur ouvert n'est peut-être pas de la politique bien profonde, il y a même gros à parier qu'elle ne fera ni les affaires du prince ni celles de son parti; mais c'est de la sincérité, et la sincérité, par le temps qui court, est un bien tellement inappréciable que, pour notre part, si séparés que nous soyons des idées professées par le manifeste, nous devons à son auteur de rendre hommage à sa loyauté. C'est la seule adhésion qu'il puisse attendre de nous, nous ne la lui marchanderons pas.

CASTAGNARY.

IX

LE TEMPS.

Nous n'en avons pas fini avec les professions de foi. Après les candidats aux élections, nous avons les candidats au trône, et ces derniers ont leur programme comme les autres. Il en est même qui en ont deux. On se rappelle le manifeste dans lequel le comte de Chambord promettait à ses amés et féaux sujet de réviser le Code au point de vue chrétien et d'intervenir en faveur du pouvoir temporel. Il paraît que les amis du prince légitime lui ont fait comprendre l'insuffisance de ces déclarations. C'était bien comme acte de foi, mais, à tort ou à raison, il fallait quelque chose de plus, si l'on voulait constituer un parti politique. Les dernières élections, d'ailleurs, avaient affaibli le côté monarchiste dans l'Assemblée, on ne pouvait plus espérer d'emporter la proclamation de la royauté par un vote parlementaire, il fallait à toute force s'adresser au pays, tâcher de séduire ou du moins de rassurer l'opinion. Le comte de Chambord s'est rendu à ces observations, et il nous a donné un second manifeste. Le morceau est curieux. Le prince fait semblant de croire que sa présence à Chambord a excité le plus vif intérêt dans tout le pays, et qu'il a été obligé de retourner à Bruges pour ne pas trop émouvoir les populations, qui allaient sans doute l'acclamer roi de France. Il reviendra pourtant, mais il attendra qu'on le rappelle. Il nous rapportera alors un régime composé du suffrage universel, de deux Chambres et de la décentralisation, le tout « dans l'esprit du mouvement national de la fin du dernier siècle ». Enfin, après les flatteries inévitables à l'adresse des classes ouvrières et de l'armée, le manifeste se termine par une déclaration relative au drapeau blanc, déclaration qui nous paraît le passage capital du document, destiné à en exprimer l'intention et à en déterminer la portée.

Le manifeste tout entier paraît être le produit d'une transaction. Le prince a consenti à souscrire aux conditions purement politiques que son parti jugeait nécessaires; mais, comme il est avant tout l'homme des convictions monarchiques et religieuses, comme il est trop peu ambitieux pour sacrifier cette religion du passé même à l'espoir de remonter sur le trône, il a voulu marquer nettement la limite des concessions qu'il croyait pouvoir faire, et il a écrit ce singulier passage sur le drapeau blanc, la plus impolitique des déclarations que jamais prétendant ait signées de son nom.

Un drapeau est un symbole; c'est un mot d'ordre; c'est l'expression abrégée d'un ensemble d'idées, et c'est à ce titre qu'il excite l'enthousiasme ou l'aversion. Le drapeau blanc a un sens aussi déterminé que le drapeau tricolore ou le drapeau rouge; il résume avec vivacité, comme font les emblèmes, tout un ordre de choses, celui de l'ancienne monarchie, de sorte que l'intention de nous le rendre annonce, d'une manière plus parlante que toutes les déclarations, la continuité des traditions entre le règne que nous promet Henri V et les règnes de ses prédécesseurs. Henri V est bien le petit-fils de Charles X : il entend rester solidaire de sa race ; il se pliera ou essayera de se plier aux nécessités de son temps, mais il n'en restera pas moins roi par la grâce de Dieu avec tout ce que comporte ce titre, c'est-à-dire avec un pouvoir qui ne relève que du Très-Haut. Il ne faut pas lui en vouloir, puisque c'est sa raison d'être, et qu'on n'est légitime qu'à cette condition ; mais il est permis de rappeler que ce caractère supérieur de la monarchie légitime implique la négation de toutes les notions actuelles sur les droits relatifs des peuples et des souverains et sur la nature même des pouvoirs publics. C'est un renversement non pas seulement de la Révolution française et de ses conséquences, mais en quelque sorte de la pensée moderne elle-même et de ses lois logiques. Voilà quelle est la signification du drapeau blanc, celle que les masses attacheront avec un instinct très-juste à la prétention du comte de Chambord de nous rapporter cette relique historique, et voilà pourquoi nous regardons le nouveau manifeste du prince comme une espèce de défi jeté à l'opinion. La monarchie légitime n'abdique pas, parce qu'elle ne peut abdiquer, mais elle n'entend rentrer en France que de haute lutte, à bon escient et enseigne déployée, et, si elle ne peut rentrer ainsi, elle aime mieux rester à Frohsdorff.

X

L'UNION.

..... Nous avons un prince qui ne subordonne pas sa vocation royale aux fantaisies d'autrui; il a parlé assez haut pour que le monde entier l'entende; il s'est mis résolûment à la disposition de la France, il attend son heure. Dans ce grand cœur l'invincible espérance se lie à toute l'énergie du devoir.

POUJOULAT.

. . . .

Notre politique d'union n'a pas été une fantaisie; elle a été une conviction longtemps mûrie, et d'autant plus libre que peut-être on la jugeait plus contraire à nos affections, ou, si l'on veut, à nos passions.

Ni les affections ni les passions ne nous abusent sur les devoirs. Si un grand devoir subsiste en cette France, où tout semble défaillir, c'est le devoir d'un accord public entre tous les honnêtes gens, tous les citoyens, riches ou pauvres, intéressés à l'ordre moral et social, à la défense de la propriété, de la religion, du foyer. Hors de ce saint devoir, tout va droit aux mille caprices de la perversion et de l'anarchie.

Et ce que nous disons de nous-mêmes, il nous plaît

de le penser et de le dire des partis monarchiques qui seraient avec nous en dissidence.

Il y a de plus, au-dessus de ces partis, des natures de princes dont c'est l'honneur de se montrer supérieures à la passion des conseils.

Pour elles rien apparemment n'est changé dans le devoir reconnu d'un grand accord des forces de la monarchie française. Aussi notre espérance est ce qu'elle était hier; la conduite sera ce qu'elle devait être, seulement il y aura plus d'honneur. La politique aura réuni les intérêts, la loyauté aura réuni les âmes; et après tout, c'est des deux côtés le même drapeau : il flottait aux Tuileries, et il flottait au Palais-Royal. Qu'il soit encore un symbole d'union, et puisse la France, à son ombre, reprendre le cours de ses destinées de paix, de gloire et de liberté!

LAURENTIE.

XI

L'UNIVERS.

Nous n'appartenons pas à ce que l'on appelle le parti légitimiste ; mais nous sommes partisan de la monarchie chrétienne, et, à ce titre, Henri de Bourbon, sans être notre chef, est, si l'on veut nous permettre le mot, *notre homme*, l'homme véritable qu'il faut à la monarchie et sans lequel il n'y aura point de monarchie chez nous.

Et comme la monarchie chrétienne est certainement

la meilleure et même la seule forme acceptable de la République, laquelle ne peut vivre et durer que si elle est chrétienne, et devient ainsi la république de tout le monde, Henri de Bourbon est notre homme encore de ce côté-là.

Roi de France, c'est-à-dire, par les réformes de la décentralisation, roi *des Frances*, ou président héréditaire *des républiques* françaises, c'est la même chose au fond. Aucune monarchie n'est praticable sans le plus large essor des libertés publiques et sans la participation républicaine du peuple au gouvernement et à l'administration; aucune république n'est possible, n'est réparatrice, n'est durable, sans la présidence héréditaire. De quelque façon que l'on s'y prenne, il faut arriver à donner premièrement au pays une tête, et une tête permanente. Sans tête, il n'est au dedans qu'anarchie, tumulte et dictature de hasard; au dehors, que faiblesse et risée.

Or, s'il s'agit de trouver une tête et de satisfaire à cette urgence, l'on peut avoir des sentiments personnels et de parti fort différents. On peut préférer Orléans, Bonaparte, Thiers avec son indispensable entourage, ou même Blanc, Blanqui, Dombrowski, avec le reste et la suite. Mais ce sont au dedans des anarchies et des dictatures, et bientôt, au dehors, des risées. La raison générale désigne Henri de Bourbon.

C'est lui seul qui peut réunir toutes les fractions malheureusement si divisées du très-grand et très-tenace parti monarchique et leur assurer la victoire. C'est lui seul encore qui peut rallier dans une vaste mesure les sections honorables et sérieuses du parti républicain, et satisfaire à ce qu'il y a de juste au fond des aspirations désordonnées et renversées du socialisme. Car enfin, il ne s'agit pas seulement, comme on semble le croire à Versailles, de réorganiser l'administration et de réparer ce que les Prussiens et les communeux ont brisé et gâté. Il faut réorganiser ou plutôt organiser à nouveau les institutions, les rangs, les individus et même les âmes. C'est là que le grand dommage a été fait bien avant les Prussiens; c'est à cause de ce dommage anciennement réalisé que les Prussiens ont pu venir; c'est de ce désordre que le socialisme est né. Aucun parti n'est seul capable d'y porter remède. Il faut qu'une tête y préside et puisse employer tous les bras, et en même temps il faut que cette tête ne soit pas une dictature. En dehors de Henri de Bourbon, où peut-on espérer de trouver cette tête?

La proclamation que ce prince adresse aux Français, selon son droit et le nôtre, est plus libérale et plus pratique mille fois qu'aucune parole politique qui ait été adressée au monde dans le cours de cette année 1870-1871, année de catastrophes et de professions de foi. Nous n'en exceptons pas la proclamation e Napoléon III partant pour l'Allemagne et lui annonçant les principes de 89 et de 92, ni celles de Victor-Emmanuel aux Italiens, ni celles de don Amédée aux Espagnols, ni celles de l'empereur Guillaume aux Teutons, pour leur intimer que l'empire est fait, c'est-à-dire que la Prusse les a conquis. Toutes ces pièces ont promis aux peuples des biens qui ne leur sont rien moins qu'assurés. L'épée les a signées, l'épée les a déchirées.

Nous louons et nous honorons hautement la proclamation de Henri de Bourbon. Elle est franche, hardie et loyale. Il dit ce qu'il veut et propose le pacte comme il l'entend. Rapprochée de ses précédentes déclarations, elle est digne d'un monarque chrétien. C'est ainsi que le chef de la Maison de Bourbon pouvait frapper à la porte.

Il répond comme il lui appartient aux bassesses sottes et abominables que les ouvriers de plume et les demeurants de la Commune n'ont pas rougi d'afficher à l'occasion des élections. Le Gouvernement a laissé commettre cette infamie; il a permis aux pétroleux de semer cette graine de jacquerie, peut-être même les a-t-il approuvés. Cela n'est pas indigne du fond de sa pensée et du reste de sa politique. Henri de Bourbon s'est fait l'honneur de déchirer ces ignobles affiches; la conscience publique l'en remerciera. Ce sera son métier, s'il est roi, de ne pas laisser outrager et diffamer les citoyens ni la France.

Il veut garder son drapeau. Il en a bien le droit, et c'est son devoir. Les trafiquants protestants de Hollande marchaient sur la croix pour trafiquer au Japon. Un homme qui aspire à porter la couronne de France et qui en conserve encore l'éclat sur son front ne commence pas par une apostasie. Il aurait pu ne point prendre de drapeau du tout. Dans sa main et dans la main de la France un fer de lance pouvait suffire. S'il veut un étendard, qu'il porte le sien. A ne pas remonter plus haut, le drapeau qui fut planté sur les minarets d'Alger vaut celui qui descendit de la flèche de Strasbourg, qui tomba des forts de Paris et qui se recula de Rome.

Tel est, en abrégé, notre sentiment sur la proclamation de Henri de Bourbon. Nous ne sommes pas de ceux qui se cherchent un roi. Nous avons notre roi depuis longtemps, le Roi-Christ. Nous savons où il demeure. Il a droit sur notre volonté, sur notre cœur, sur notre sang. Jusqu'à ce qu'il nous donne un prince qui lui fasse serment et qui reçoive son sacre, tout autre roi en ce monde ne sera pour nous qu'un collecteur d'impôts. Nous ne l'aurons pas fait, nous ne le déferons pas. Nous serons fidèles et *loyaux* comme on l'était dans les catacombes ; et quand le gouvernement changera, nous ne pleurerons pas.

Mais, pour autant que nous pouvons et que nous avons à choisir, Henri de Bourbon est de beaucoup le collecteur que nous préférons, l'homme à nos yeux le plus digne de défendre la législation du Christ, et par conséquent le plus digne de devenir roi et recteur du peuple franc.

Louis Veuillot.

CONCLUSION

On lit dans *la Gazette de France* :

« Un grand nombre des journaux de la droite qui se publient dans les départements impriment la note suivante :

« Les inspirations personnelles de M. le comte de
« Chambord lui appartiennent. De quelque manière
« qu'on les juge, on ne leur contestera pas un carac-
« tère de sincérité allant jusqu'au sacrifice et qui in-
« spire le respect.
« Après comme avant ce grave document les hommes
« attachés à la monarchie héréditaire et représentative,
« parce qu'ils y voient une garantie de salut pour le
« pays, resteront dévoués aux intérêts de la France et
« à ses libertés.
« Pleins de déférence pour ses volontés, ils ne se
« séparent pas du drapeau qu'elle s'est donné, dra-
« peau illustré par le courage de ses soldats, et qui est
« devenu, par opposition à l'étendard sanglant de
« l'anarchie, le drapeau de l'ordre social. »
« Il est facile de comprendre que cette note, reproduite en même temps par plusieurs journaux de province, est l'expression de la pensée du plus grand nombre de nos amis qui siégent à l'Assemblée. »

En réponse à cette note, M. de Carayon-Latour a adressé aux journaux la lettre suivante :

« Versailles, 11 juillet 1871.

« Monsieur,

« Je lis dans la *Gazette de France* du 10 juillet une note relative au manifeste de Monseigneur le comte de Chambord : « Cette note, dites-vous, est l'expression « de la pensée du plus grand nombre de nos amis qui « siégent à l'Assemblée. »

« Je suis autorisé, monsieur, à vous dire que vous avez été induit en erreur.

« Les nombreux documents, partis de Versailles, dont j'ai connaissance, et qui ont le caractère d'authenticité que donne une signature, expriment tous envers Monseigneur le comte de Chambord des sentiments de respect, de dévouement et de fidélité.

« Les légitimistes restent ce qu'ils étaient avant le 5 juillet.

« Ils continueront, comme par le passé, à servir le pays et à respecter sa volonté avec l'abnégation et le patriotisme dont ils ont toujours fait, sous l'inspiration du prince, la règle invariable de leur conduite.

« Je vous prie, monsieur, de vouloir bien insérer cette lettre dans votre plus prochain numéro.

« Agréez, monsieur, l'assurance de mes sentiments de parfaite considération.

« JOSEPH DE CARAYON LA TOUR,

« Député. »

UNE VISITE AJOURNÉE.

(*Journal de Paris.*)

On a beaucoup parlé, dans le monde politique, d'une visite qui devait être faite par M. le comte de Paris à M. le comte de Chambord. On a même dit, dans certains milieux, que cette visite avait eu lieu. Voici, croyons-nous, la vérité à cet égard.

Personne n'a oublié le rôle si honorable et si loyal joué par les légitimistes dans la question de l'abrogation des lois d'exil. Sans le concours énergique et décidé de la droite, les amis des princes d'Orléans n'auraient jamais triomphé des résistances passionnées de la gauche et des hésitations prolongées de M. Thiers. Les princes furent profondément touchés de l'attitude prise à leur égard, dans une circonstance aussi décisive et aussi grave, par le parti légitimiste. Un moyen s'offrait à eux de manifester en quelque sorte publiquement leurs sentiments à cet égard. Le parti légitimiste désirait vivement voir renouer entre les deux branches de la maison de Bourbon les relations de courtoisie réciproques, que les événements politiques avaient malheureusement interrompues depuis tant d'années. Le comte de Paris s'empressa de déclarer que, dès qu'il aurait revu le sol français, il irait faire une visite au chef de la branche aînée des Bourbons. Les autres princes d'Orléans n'avaient point fait de déclaration formelle à ce sujet, mais nous croyons pouvoir affirmer qu'ils auraient suivi l'exemple donné par le chef de leur branche, et que, peu de jours après avoir reçu la visite du comte de Paris, M. le comte de Chambord aurait reçu celle du prince de Joinville, du duc d'Aumale et du duc de Chartres.

En effet, dès que les couches de Mᵐᵉ la comtesse de Paris furent terminées, le chef de la famille d'Orléans quitta l'Angleterre, se rendit en France et vint à Paris, voulant avant tout revoir la ville où il est né et dont il est fier de porter le nom. Ce premier devoir une fois accompli, il s'empressa de faire savoir à M. le comte de Chambord qu'il désirait lui faire une visite et de lui demander à quel moment et en quel lieu il pourrait être reçu par lui. Le désir de M. le comte de Paris, personne ne l'ignorait, était de faire cette visite sur le sol français plutôt que sur le sol étranger. Mais à cet égard il s'en remettait au choix de M. le comte de Chambord.

Le chef de la branche aînée des Bourbons méditait, à ce moment même, le manifeste politique qui a été livré depuis à la publicité. Il comprit que ce manifeste, publié au lendemain d'une visite qui lui aurait été faite par le comte de Paris, pourrait devenir un embarras pour ce prince et pour ses amis. Avec une loyauté qui lui fait le plus grand honneur, il fit savoir à son cousin qu'il était sur le point de prendre *une grave détermination*. Il l'engageait donc à différer, jusqu'à ce que cette détermination fût rendue publique, la visite qu'il avait le projet de lui faire. Nous connaissons et nous pourrions citer les termes mêmes des communications échangées à ce sujet entre M. le comte de Chambord et M. le comte de Paris.

Le manifeste parut. Nous n'avons pas à parler ici de l'impression qu'il produisit, soit dans le public, soit dans le parti légitimiste. Mais ce que nous pouvons et ce que nous devons dire, c'est que les légitimistes les plus éprouvés, ceux qui jouissent dans leur parti de la plus haute et de la plus légitime autorité, s'empressèrent de déclarer qu'à la suite de la publication de cette pièce, la visite projetée par M. le comte de Paris non-seulement cessait d'être nécessaire, mais devenait même inopportune. Les princes d'Orléans, en faisant cette démarche dans les circonstances présentes, auraient paru se rallier, par l'entremise de leur chef, à un drapeau qui n'est pas et qui ne peut pas être le leur. La visite en question semble donc devoir être ajournée, et nous ignorons si les événements rendront un jour possible ce qu'ils viennent d'empêcher.

Le secrétaire de la rédaction,

Ch. LISTILHAC.

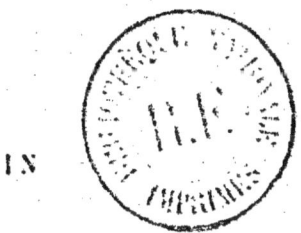

FIN

Paris, imprimerie Jouaust, rue Saint-Honoré, 338.

www.ingramcontent.com/pod-product-compliance
Lightning Source LLC
LaVergne TN
LVHW021744080426
835510LV00010B/1331